Komm, Muse,
reich mir den Stift

AF286737

Komm, Muse, reich mir den Stift

Jokers Lyrik-Preis 2007
Die besten Gedichte

Jokers restseller

© an der Gedichtezusammenstellung
by Verlagsgruppe Weltbild GmbH, Augsburg
Jokers restseller
In Zusammenarbeit mit Autorenhaus-Verlag, BoD, Berliner Literaturkritik,
hoerothek.de und literaturcafé.de
Die Rechte an den Einzelbeiträgen liegen bei den Autoren.
Die Schreibweise der Gedichte ist von den Autoren vorgegeben.

Redaktion: Christiane Schlüter, Augsburg
Cover: Marc Steurer und Timm Miller, Augsburg
Innengestaltung: Lydia Kühn, Augsburg
Gesamtherstellung und Verlag: Books on Demand GmbH, Norderstedt
ISBN 978-3-8334-8140-6

Vorwort

Was macht ein gutes Gedicht aus? Vor dieser Frage stand die Jury des Jokers Lyrik-Preises nun schon zum fünften Mal seit Begründung des Wettbewerbs. Der Text darf gereimt sein, er muss aber nicht. Eine Melodie soll er haben – um das zu prüfen, lasen sich die Juroren die Gedichte während des Auswahlverfahrens gern laut vor. Ein Thema, eine Aussage oder ein Gefühl muss erkennbar sein, auch bei aller poetischen Verrätselung, die manche Texte auszeichnet.

Mit solchen und weiteren Koordinaten im Kopf wühlte sich die Jury durch rund 8.000 Einsendungen. So viele Schreibbegeisterte haben sich in diesem Jahr am Jokers Lyrik-Wettbewerb beteiligt – ein neuer Rekord! Und jedes einzelne Gedicht wollte gewürdigt sein. Denn aus allen sprachen die Liebe zur Poesie und persönliches Erleben, auch wenn sich Autor und lyrisches Ich natürlich nicht gleichsetzen lassen.

In dieser Anthologie sind nun die besten Texte – nach Meinung der Jury – versammelt. Es hätte noch viele weitere gegeben, die es ebenfalls verdient hätten, hier abgedruckt zu werden. Aber die Seitenzahl ist begrenzt. Die anderen guten Gedichte lassen sich jedoch in der Gedichte-Datenbank von Jokers nachlesen.

Wie in vergangenen Jahren fällt die thematische Bandbreite der Gedichte auf. Die Liebe zur Natur bewegt viele Dichterinnen und Dichter. Gärten und Wälder, Strand und Meer zu allen Tages- und Jahreszeiten zu genießen und in ihren heiteren, aber auch in ihren schwermütigen Facetten einen Spiegel der eigenen Seele zu finden – dieses Erlebnis spricht aus zahlreichen Texten. Daneben tritt die Stadt, das Gebilde aus Stein, Kunstlicht und Asphalt – für manche Heimat, für andere ein Ort des Fremd- und Verlorenseins. Als dritte Sphäre wird die virtuelle Welt des Internet beschworen – hier wie auch in vielen sozialkritischen Texten zeigt sich, dass Lyrik nicht im luftleeren Raum geboren wird, sondern im lebendigen Austausch mit der jeweiligen Zeit.

Ein wichtiges Thema sind die Beziehungen zu anderen Menschen – die Liebe zum Partner, zu Eltern und Kindern. Aus vielen Versen sprechen Glück, sinnliche Erfüllung und Dankbarkeit, aus anderen wiederum ungestillte Sehnsüchte, Schmerz und jene Entfremdung, die sich einstellt, wenn zwei Menschen unterschiedliche Gefühle füreinander hegen. Aus der Sehnsucht heraus, die solche Konflikte mit sich bringen, entstehen oft gerade die besten Gedichte. Alle Generationen sind in den eingesandten Gedichten angesprochen worden – vom ungeborenen Kind bis zu den eigenen Großeltern, die in der Erinnerung weiterleben. Überhaupt – die Erinnerung: Sie ist eine der wichtigsten Verbündeten des Dichters, sie beschwört vor seinem inneren Auge Glück und Leid vergangener Tage herauf.

Nicht wenige Gedichte besitzen auch eine ordentliche Portion Humor. Sie fassen zum Beispiel die Tücken des Alltags augenzwinkernd in Reime, zum Vergnügen der Lesenden. Manchmal erwachen da sogar Küchen-Gegenstände zum Leben und werden zum Gesprächspartner für den Dichter.

Ihre eigenen Tücken besitzt natürlich die Dichtkunst selbst, mit der sich denn auch einige Texte selbstironisch befassen. Wie lockt man die Musen an, wie bezwingt man die Sprache und holt das Bewegendste und Treffendste aus ihr heraus? Diese Frage ist wohl nie abschließend zu beantworten. Jeder und jede Schreibende weiß: An ein Ende kommt man nie. Und das ist der Grund, immer wieder zu rufen: „Komm, Muse, reich mir den Stift!"

Inhalt

Annette Moritz
Austernfischer-Herz

Wenn Salz auf Wimpernschlägen treibt
und Worte tonlos Münder fluten
dann will mein Austernfischer-Herz
das sich an deinen Lippen reibt
im Tidenstrom verbluten
Wenn ein Flügel reisemüde
über meine Lenden streift
nach dem Gleitflug über Dünen
wo längst die Krähenbeere reift
und dein Blick
im Grau versandet
dann bist du
so federleicht
in meiner Hand
gelandet

Heinz Strinitz
Herbstblatt

Es fällt ein Blatt
vom Stamme, altersmatt
und leicht. Noch traumerfüllt
von all den Sommerfeuern, quillt
Goldbrokat hinein ins letzte Wehn.
Sich einmal noch im Tanze drehn!
Mit keckem Wirbelwind vereint,
blickt es zum Stamm zurück – und weint.

Rudolf Schneider
Du

Du warst
und bist
du bleibst
mein Abend
und mein Morgen
das Liebeslied
das ich
geschrieben habe
obwohl ich
keine Noten kann
von deinem Haar
durch das
der Frühling weht
vom hellen Sommer
und von Regentagen
vom bunten Laub
durch das wir streunen
von unsern
kalten Händen
die wir tauschen
um eins zu sein
im Frost
der um uns ist
nimm was ich habe
geh in meinen Schuhen
und bleib mein Wunsch
der in Erfüllung ging

Susanne Brandt
Möwe und Wind

Kennst du das Spiel
zwischen Möwe und Wind?
Ich glaub', dass die beiden
ein Liebespaar sind.

Sie kommt vom Lande,
er kommt vom Meer.
Sie fliegt nach Süden,
er hinterher.
Sie lässt sich treiben,
er trägt sie sacht,
spürt ihre Wärme,
gibt auf sie acht.

Sie sucht das Weite,
flattert sich frei.
Bald wird sie müde,
er saust vorbei.
Sie will ihm folgen,
er aber dreht,
stürmt ihr entgegen,
sie widersteht.

Auge in Auge –
Möwe und Wind.
Ich glaub', dass die beiden
ein Liebespaar sind.

Susanne Petri
Vor deinem Grab ...

Vor deinem Grab tanzten die Bienen,
eine schiefe Glocke schlug.
Ein Zug fuhr auf rostigen Schienen,
ein umgestürzter Krug
lag im Hof
und wilde Hunde fielen
über deinen Schatten her.
In der Ferne sang
ein tiefes Meer
und kroch unter meine Dielen.

(für Sebastian)

Lisa Fitting
herz standby

herz standby
aber der jasmingeruch
kommt aus dem deoroller
und unter der linde
stehn kostennutzenanalysten

du liegst quer
auf der treppe im treibhaus
wolln wir blumen texten
in der umgangssprache von eden
verdichten wir uns nicht

Gregor (Ody) Köhne

Ein Fall von Ostern

Mit der Nase
tief im Grase
sitzt beschützt der Osterhase
und bemalt dort kunterbunt
Ei um Ei im Wiesengrund.

Die „fragille"
Lesebrille
vor der schwächelnden Pupille
sorgt dabei für Kunstgeschick
via ei-geschärften Blick.

Österliche
Landschaftsstiche,
zarte Farben, feine Striche
appliziert die Meisterhand
auf die Lein-, nein: Schalenwand.

Der verengte,
eingeschränkte,
hasenseits aufs Ei gelenkte
Blick ist für die nahe Sicht
klärend, doch fürs Weite nicht.

Sonst wohl sähe
er die Fähe,
sprich: die Füchsin, bei der Schlehe,
die dort kauert, tief geduckt
und zum Hasen rüberguckt.

Fuchsbesprungen,
zahndurchdrungen
und als Futter für die Jungen,
segnet Meister Lampe trist
kurz darauf, was zeitlich ist.

Meute winselt,
Blut gerinnselt.
Hase, du hast ausgepinselt.
Unvollendet bleibt dein Werk
dort im Tale, hinterm Berg.

Doch man spendet
kunstverblendet
Beifall dem, was just vollendet,
wenn ein Meister Abschied nimmt
und sein Lampenlicht verglimmt.

Mit der Nase
tief im Grase,
staunt man somit, was der Hase
hier der Nachwelt hinterlässt,
und beschreibt nun mit Emphase
das Relikt der Schaffensphase
als den Stil der „Kunst am Nest".

Christian Maintz
Liebe in Lokalen

Ach, wie schön ist das gewesen,
Ach, wie haben wir's genossen,
Als wir Huhn mit Sojasprossen
Aßen damals beim Chinesen.

Rührend war der seelenvolle
Blick, mit dem du mich bedachtest,
Und wie glockenhell du lachtest
Beim Verzehr der Frühlingsrolle.

Unvergessen bleibt auch jener
Abend, als ich gänzlich ohne
Hemmung nach der Minestrone
Zu dir sprach beim Italiener:

„Sei die meine, liebste Frauke!"
Hierauf küsstest du mich innig,
Und dann widmeten wir sinnig
Uns der Entenbrust auf Rauke.

Wochen drauf, die Herbstzeitlosen
Blühten schon im Park, wir saßen
Stumm bei Kerzenlicht und aßen
Lamm in Minze beim Franzosen.

Süß und schwer war der Burgunder,
Alles schien so unausweichlich,
Und wir tranken ziemlich reichlich;
Das Dessert glich einem Wunder.

Gott, wie hab' ich dann gelitten,
Als die Liebe war zerbrochen,
Weil du dich mit jenem Jochen
Trafst zu Currywurst und Fritten!

Monika Karst
Wohnungsauflösung

geräumte Zimmer
Pappkartons
die Küchenschränke offen
der Balkon ausgefegt
noch eine Kittelschürze schaukelt
weiß der Märzwind
stülpt die Taschen
und wirbelt Kinderkummerkrümel
Witwenschnee
entfaltet sanft
ein Spitzentaschentuch
mit Rosen bedacht
ein Wolkenvogel singt
guten Abend
gut' Nacht

Bruno Waldvogel-Frei

Vom Nebel

Nebelschwaden wallen
über Berg und Tal,
sinken,
steigen,
fallen,
malen grau und fahl.

Nebelschwaden ziehen
in die Seele ein;
machen
Freuden
fliehen,
lassen einsam sein.

Nebelschwaden lügen,
dass man einsam geht.
Lass dich
nicht
betrügen.
Sieh, wer bei dir steht!

Jörn-Peter Dirx
Katz und Kunst

Garibaldi, Garibaldi, Garibaldi,
komm, wir beide gehen
kurz noch mal zum Aldi
und wir kaufen in der Dose
Katzenfutter oder lose
und dann spiel'n wir eine Chose
von Vivaldi

Denn die Frau ist aus dem Hause
und im Kühlschrank
steht noch Brause
in der Flasche oder Dose
in der Vase eine Rose
doch gleich wiederkommen wird
sie nicht so baldi

Garibaldi, Garibaldi, Garibaldi,
komm wir beide
bellen kurz mal so
wie Waldi
und wir laufen ohne Hose
auf dem Kopf die leere Dose
und ich mache es wie Rembrandt
und ich mal die

Katz mit Goldhelm wird's Bild heißen
doch wir haben
nichts zu beißen
eben so wie arme Künstler
und am Himmel wird's
schon finster
denn der Stern des Ruhmes
leuchtet nicht so baldi

Ina Jasmine Conneally

Oh Muse, wohin

Musen, die die lockig-leichten
Dichter träumerisch behauchen
bis sie dann in frühlingsfeuchten
Wörterwolken untertauchen
niederregnend im Gedicht:
Sterne und Vergissmeinnicht

Musen, die im Wettkampf streiten
ob in Reimen, kreuzgepaart
oder in den freien Weiten
einer neuen Dichtungsart
die mit allen Regeln bricht:
Formgefühl, verinnerlicht

Sind im Medienwald verschwunden
wo die Elektronik rauscht
und wo man in Dämmerstunden
Traumwelt gegen Traumwelt tauscht

Doch versteckt im kühlen Grunde
leckt das Einhorn sich die Wunde.

Thomas Milser

schlaf ein

krebsärzte tanzen den hippokrates
ziiii-hapüüüü macht die weichlagerungsautomatik

haut so geschrunden und gut
wie von liebevollen krokodilen

vertrocknet und traurig
die brust
die mich einst nährte

allmählich kein aufbäumen mehr
schlaffes sinken in kissen
ergebenheit und so etwas wie hingabe

ein röcheln, unheimlich wie versickernde kreide
im maul des karpfens

amsel meise hummel
im frühlingsrausch
die sonne schon ganz warm

es ist so still
so friedlich
so gewiss

und nun schlaf ein
liebste mutter

Michael Krause
An die alten Küchentische (mit Nudelrezept)

Ihr blankgescheuerten,
wachstuchbedeckten,
befleckten und beliebten,
mit Messern gekerbten,
vielfach vererbten,

mit Mehl besiebten.

An denen das Leben
spielte, das klägliche,
oft allzutägliche.
An denen Freunde saßen,
tranken, sangen und aßen,

die das Salz dazu gegeben.

Auf die der Kopf gesunken,
an die man heimgekehrt,
wo mancher Wein getrunken
und Biere ausgeleert.
An denen Streit war und Vertragen,

die Eier zum Mehl geschlagen.

An euch wurden Pläne gemacht,
Briefe gelesen, Zorn entfacht,
gelobt, getadelt und gerichtet,
Testamente verfasst, gedichtet,
auf euch geliebt und an euch gebetet,

der Teig dann kräftig geknetet.

Einsam wurde an euch gegrübelt,
Söhne von Vätern geprügelt,
Siege und Jahre bejubelt,
Geld verloren und umgerubelt.

Geschlechter haben an euch gebalzt,

den Nudelteig dünn ausgewalzt.

An euch wurden Ehen versprochen,
Wunden geschlagen und geheilt,
Versprechungen wieder gebrochen,
Vaterunser gestammelt, Brot geteilt,
geträumt, gelacht, gelitten,

die Nudeln getrocknet und geschnitten.

Viel Wachs floss in die alten Poren,
Tränen und Blut nicht minder.
Schulaufgaben machten die Kinder
und Mütter haben ihr Lachen verloren.

Da kommt die heiße Suppe, die frische!
Wir essen auf euch, ihr Tische!

Elke Möller
Ansatzfäule

kulturbeflissen prangen Pappplakate
landauf landab an jungen Birkenstämmen
Banausen üben sich im Maibockstemmen
von Freilichtbühnen schillern die Traktate

der Lenz entblößt sich spät in diesem Jahr
nun lechzt selbst Platon nach Veronika

vertuppert schwingt man sich auf Alugäule
aus kurzen Hosen drängen dralle Schenkel
verschreckte Stare übertönen das Geplänkel
der Rhododendron zeigt noch Ansatzfäule

doch unbeirrt erblüht das Spargelglück
das deutsche Liedgut schlägt beherzt zurück

die Brauchtumsspötter liegen auf der Lauer
ein neuer Platzhirsch überpinkelt das Revier
in den Lokalen riecht es nach Hartz Vier
im Tümelbusen wird die Volksmilch sauer

mir tropft die Spargelsoße aus dem Mund
mein Nachbar schneidet alle Büsche rund

die Koniferen stehn wie Mopssoldaten
die Heckenbrut wird drastisch dezimiert
in Talk-Shows werden Väter zwangskastriert
den Spartensendern korrodiert der Spaten

die Werberelevanz glotzt Pay-Tivi
die Dichtkunst zwingt den Jambus in die Knie

oder er sie

Iris Welker-Sturm
Alle machen

nicht vater land
nicht mutter sprach

nicht so sagen
hat gesagt

muss lernen
hat gesagt

alle gleich hier
hat gesagt

hat gehängt
Deutsch Präsident

muss machen
wie die

alle machen.

Margarita Adam
Der Wunsch der Büglerin

Ach, könnte ich, gleich diesem heißen Eisen,
wie Deinem Hemd Dir selbst den Liebesdienst erweisen
und Dir die Sorgenfalten glätten,
den Berg der Bitterkeiten plätten
und Deine Grübelfurchen bügeln,
Oh, könnt' ich die Gedanken zügeln,
die stets bereit, Dich aufzuwiegeln ...
Den Kummer wollt' ich fest versiegeln
und Dich so schniegeln, dass Du frisch gestärkt
gesehen wirst und wohl bemerkt
und auch befördert! Und dass Du unverklemmt
Dich strahlend geben kannst – wie dieses Hemd!

Raymond Dittrich

Alter Mann beim Schachspiel im Park

Längst verloren ist die Dame,
der König hält sich
auf einem Bein.

Erinnerung hinter Kriegen
und Kriegsgeschrei.

Ein Blinzeln, ein Tasten,
ein flüchtiger Reim.

Und Laufen im Kreis.
Und weiter?

Länger werden die Pausen
zwischen den Zügen

und länger die Schatten über dem Feld.

Jetzt ist auch die letzte Deckung,
auf die er zählte, gefallen.

Er weiß, er steht für sich allein.

Auf vierundsechzig Feldern
im Herbstsonnenschein:

ein alter König
im Schach –

nein:
frei.

Maren Lil Bornschein
Netzgeflüster

Sätze scheinen im Echo zu verhallen
in tiefen Schluchten der community.

Tausend Hände fangen Deine Trauer auf,
die für Dich Sehnsucht heißt.

Endlose Möglichkeiten ...
versprechen Dir die große Freiheit –
doch nur für den Moment des Tastenfeuers.

Jewgenij Penner
Kleine Huldigung

An einem Abend stehe
ich rauchend vor der Tür,
und blicke auf und sehe
den Mond hoch über mir.

Ein Flugzeug kommt und rennt
durch den Trabantenhaufen
und lässt am Firmament
Kondensgestreif zerlaufen.

Wie so der Streifen schwimmt,
quer durch den Mondenschein,
scheint fast dazu bestimmt,
bedeutungsvoll zu sein.

Als wär er durchgestrichen,
so steht der Mond nun da.
Das ist so hanebüchen
und geht mir ganz schön nah.

Dem Mond, dem alten Hund,
ist großes Leid geschehn.
Ich rauche schneller und
beeil mich, reinzugehn.

Marcel Diel

kleine idyllen (II)

8 UHR: den tag sondieren / heißt

das abgelegte altpapier der nacht
ins haus zu holen dann im morgen-
kaffee saccharin (den traum) zu lösen
sich ins geäst vorm fenster chloro-
phyll zu denken strecken wachsen
mit den sorgen grob entworfen auf
dem umschlag einer unbezahlten rechnung

mach du die betten ich entsorg
den müll und bring die wäsche aus
dem keller mit beim spülen dann
entsteht aus einer maserung des
küchenbretts (der laune) eine
feine skizze dieses tages

Alexander Lochthofen
ich liebe dich!

„ich liebe dich auch"
zeichnest du mir
auf den nackten Rücken
noch warm
und feucht und
ohne rot zu werden
„aber anders."
sagst du
das ist ein Satz
denke ich
feige, bequem
und hinterhältig
du hast es sicher
nur gut gemeint
besser ist Schweigen
denke ich
verstehen musst du das nicht
ich vergrabe mein Gesicht
ins Kissen
vor Scham und Verzweiflung
und verfluche dich
ganz still
und wünsche dir
dass du dich
so schnell nicht erholst
von den vielen Komplimenten
die ich dir gemacht habe

Friederike Zelesko

Ende August

Leere Gerstenfelder
hat der Tag geschüttelt und
es fiel kein Liebeskorn
in deinen Schnabel
schwarzer Rabe

hörst du sie
die bunten Töne
satt sind sie
und voller Liebesworte

sag wo finde ich
die Gerstenkörnerschnüre
sonnenlichtgeschlungen
um des Tages Fußgelenk

sie hat schon der Wind gerüttelt
fuhr dem Tag ins Sommerfell
und die Schnüre rissen
Sommersonnentage
fallen mit dem
Herbstblattgelb

Oliver Haas
schwangerschaft

wir liegen
wie weiße
gestrandete wale

und warten

ich habe
ein kribbeln
im bauch

und weiß
du hast es
auch

Erwin Huber
Ene mene miste

Barfuß über Felder laufen,
manchmal mit dem Nachbarn raufen,
freitags Paulchen Panther gucken,
mit Freunden um die Wette spucken.
Wassereis aus Tüten lecken
und verliebte Pärchen necken,
Sammelhefte, Rubbelbilder,
lauter schreien als ein Wilder.
Bluna und Bonanzaräder,
Michel seh'n in Lönneberga,
Yps mit Gimmick, Negerküsse
und verklemmte Reißverschlüsse.
Vieles würd' ich dafür geben,
könnt' ich dies noch mal erleben.

Elisabeth Tropper

Topographie

Die welt,
die in dir aufbrach –
salzmeer, dörrmoos,
verkrustetes land –
taugt nicht zum
fotomotiv
für kalender, für
postkarten

Wandernd, sammelnd
löst du
geröllteile, knollen,
salzsteine
aus deiner landschaft,
verstreust sie
über offenen karten,
verzeichnest, schreibst
deinen lagebericht, deine
verzweifelte topographie

Andreas Nath

Die Nacht ist mir ein schwarzer Hut

Die Nacht ist mir ein schwarzer Hut,
der gelbe Mond das Licht,
die Sterne bunter Firlefanz,
mehr brauch ich wirklich nicht.

Brennt Fusel mir die Kehle weg,
kriecht kichernd ins Gedärm.
Ich brauch nicht Licht und Sonnenschein,
was mir das Hirn nur wärmt.

Das wärmt nur die Gedanken auf,
von hunderttausend Fragen.
Weiß Herrgott und auch Teufel nicht,
die Antwort drauf zu sagen.

Trifft mich des Nachts statt Mondenschein
nur Sturm und Regenschauer.
Von außen und von innen nass!
Was gibt's da zu bedauern?

Es wärmen keine warmen Worte,
Nie hilft Dein Mitleidsblick.
Komm! Gib ein kleines Klimpergeld
für einen Schluck vom Glück.

Ach könnt ich singen, sänge ich
das Lied vom schwarzen Hut.
Vom Mond, vom bunten Firlefanz,
von Angst, von Schnaps, von Mut.

Ibrahim Kaya
Das Feld

Was Waisenkindern vom Mund gerissen
und Armen aus der Hand geschlagen wird
ist kein Ertrag
Erträge kommen von bestellten Feldern

Ein Landwirt bin ich nicht
Seit Jahrzehnten liegen die Äcker meiner Eltern brach
Ein Obstbauer bin ich auch nicht, nie pflanzte ich einen Apfelbaum
Obwohl mir dünkt, dass jeder kommende Tag der letzte sein könnte
Von Fischzucht, Viehhaltung und Blumenbeet
Will ich gänzlich schweigen

Ich habe ein Feld entdeckt; ergiebiger, größer und fruchtbarer
Als alle Äcker, die in sich goldene Früchte bergen
Dieses Feld ist eine Brache, ein verlassenes Areal

Ich hole Samen aus der Wildnis, dem unergründlichen Chaos
Mit Machete, Schmetterlingsnetz und Petrischale dringe ich dorthin vor
Fange viel Neues, sammle ungesehene Gewächse

Auf dem Rückweg in die Dörfer und Städte
verliere ich das meiste, was ich an mich nahm
Wegelagerer mit freundlichen Tarnmasken
Nehmen mir die letzten Blüten und Käfer weg

Erschöpft und sprachlos kehre ich schließlich ein
Im Haus der Baderin, die mich wäscht, salbt und in den Schlaf singt
Am nächsten Morgen entdecke ich eine rostige Konservendose
auf der sonnenbeschienen Fensterbank
Sie ist gefüllt mit kompostierten Sehnsüchten
Darin zwei winzige Sprossen, entsprungen aus den Körnern
die zwischen meinen Nägeln eingezwängt waren

Ach, wenn meine Geliebte nicht so achtsam gewesen wäre
sie aufzulesen, wäre nichts geblieben von der Reise
außer Furchen und Narben auf meiner Haut und in meinem Gehirn

Jetzt bin ich ein braver Bauer und Saathändler
Ich bestelle die Brachen, ob mit lockerem Boden ohne Regen
oder zu zäh für feine Wurzeln

Auf steinigen Feldern säe ich Flechten an, die sachte den Stein zerdrücken
Für lehmigen Boden habe ich Pflanzen mit holzigen Wurzeln
die sich bis zum Grundwasser bohren

Lasst mich auf eure Brachen, ich bestelle sie und säe wilde Saat an
Nahrung im Überfluss verwischt die Grenzen
Macht Diebe sowie Könige lächerlich

Katharina Körting
Reibung

Ich habe gedacht,
ich sollte verschwinden.
(Hatte an der Lampe gerieben.)

Du hast nur gelacht:
Komm! Spielen wir Finden!
Da bin ich geblieben.

Georg Mayer
Gewitterdichtung

Und liege hier und schau Gewitter,
Hör Nieseldonners Sonntagssound
Und buntlaubige Farbensplitter
Betropfen sich recht herbstgelaunt.

Und schwimme weit in Silbenspielen,
Die ringeln unerblühten Tand
Und will in allen Ausdrucksstilen
Ins Wetter halten eine Hand.

Und sinke in die Nachmittfrage
Die birkenborkig innen knarzt,
Die wolkenbrüchge Schauersage
Wird wortumsponnen eingeharzt.

Jochen Weeber
last minute

könntest du
was weglassen
bitte

die logik
wie wär das

und das dutzend
aber, –

deine worte
flögen wieder

um meine

heimliche
vorliebe
für flughäfen.

die mutigen
landeten
vielleicht

in einem vorort
von paris

die gutgemeinten
bekämen bloß

busse und bahnen

und mein
schaffner

würde lügen
nächster halt
gare de l'est.

Walter Eck
Berlin oder?

Wenn sich Verlangen und Erinnerung verbinden,
dann führt die Reise durch die Nacht auf den Asphalt.
Der Lärm von Festen, die vergangen sind, verhallt
noch in den Straßen und lässt Suchende nicht finden.

The road leads back to you: To Georgia! Unter Linden!
Durchs Brandenburger Tor und in den Grunewald.
Den Weg dorthin durchmisst ein Reisender schon bald;
Nur in Gedanken lässt er sich nicht überwinden.

Ein jedes Sehnen sucht die Orte und die Zeit,
da es Erfüllung fand. Und die Vergangenheit
stellt für die Bilderwelt der Sehnsucht einen Rahmen.

Doch manchem Sehnen sind die Ziele unbekannt.
Dann leiht es sich bestimmt von einem fremden Land,
von Städten, aber auch von Menschen einen Namen.

Günther Dreyer
Nacht & wieder

ist etwas vorbei, ein
undeutlicher Tag, ein veralteter Gedanke, ein
zu kurzes Gedicht,

erstickter Schrei im Traum ver-
klingt im Halbdunkel, Ampeln wechseln
ihre Farbsignale,

Neonlicht: die Kamera filmt mit Weitwinkel
eine leere Straße:

du kamst und bliebst doch nicht

blattloser Baum vor offenem Fenster,
schon vergessene Zeiten

im aufgeschlagenen Kalender aus
dem Jahr davor: das ist so –
sagte: wer??: so ist das eben.

Und gingst, die Tür blieb offen,
das Klappern deiner
High-Heels verlor sich dann.

Ich habe nichts versprochen.

Christian-Albrecht May

Menschenbild

Der Weg nach unten und nach oben
ist gleich; der Standort nach Belieben
zu wählen, denn die drei mal sieben
Lebensbereiche sind verwoben.

Der Keim ergreift stets in der Mitte
die Leiter. Kost die sehr vitale
verdrillte Lebenslaufspirale
nach individueller Sitte.

Nach oben strebt das Zukunftsweben,
nach unten die Verwurzelung.
Die so erfolgte Doppelung
trennt Geistiges vom Leibesleben.

Der Blick nach unten und nach oben
verbindet Abgetrenntes. Schatten
erzählen auf dem spiegelglatten
Boden von wesensfremden Proben.

Berührt von diesen Harmonien
erkennt der Mensch sein Lebensziel im
alter ego eingesperrt. Sublim
erwachen die Allegorien.

Gila Hartmann
Mein Kind

Ich möchte rascheln geh'n
für dich in Herbsteslaub,
doch geht das nicht, mein Kind,
denn du bist taub.

Ich möchte malen geh'n
mit dir ... und schau'n, wo Farben sind,
doch geht das nicht, mein Schatz,
denn du bist blind.

Ich möchte singen geh'n
im Chor mit dir – und auch im Kreis herum,
doch geht das nicht, mein Kind,
denn du bist stumm.

Doch kann ich lieben geh'n
mit dir, mein Kind,
und tasten, fühlen, spüren,
wo die Winde sind!

Kann jauchzen, hüpfen,
mit dir springen
und mich erfreu'n mit dir
an tausend and'ren Dingen!

Kann Regenwürmer zähmen,
mit dir im Garten jäten
und abends, wenn du müde bist,
an deinem Bettchen beten.

Möcht' allen Göttern danken
für dein kleines Leben
und dafür, dass sie DICH
der Welt gegeben!

Christina Mundhenk

Mittagspause

Sie wusste um ihre Sterblichkeit.
Die Schritte wurden schneller.
Ihre Hände hektischer.
Selbst den Kaffee trank sie
morgens nicht mehr aus.
Die Akazien waren längst
gefällt und die Sonnenuntergänge
ein verblichnes Negativ – manchmal noch
dachte sie an die Wellen
und eine Ahnung schwappte
kurz über den Rand
ihres Tabletts in der Mittagspause.

Karoline Kurth

Der Traum

Ein Mensch, der immer schreiben wollte und wusste, dass er das auch sollte,
weil er es wirklich gut vermochte – stattdessen für die Kinder kochte, zur Ar-
beit ging und wusch und fegte, sich auch mal in die Sonne legte, denn in ihm
sprach der Schweinehund: „Es wimmelt auf dem Erdenrund von Schreibern,
besseren als du, vergiss den Traum, leg dich zur Ruh!" Da meldet sich ein
Stimmchen fein – es muss der Mutmach-Wichtel sein: „Du bist doch glücklich,
wenn Du schreibst und Dir nicht nur die Zeit vertreibst!" „Es ist zu spät",
zischt da das Schwein, „Du bist zu alt, sieh das doch ein!" Darauf der Wichtel,
wütend fast: „Genug der Jahre sind verpasst, es nützt Dir nicht mehr Wenn
und Hätte, liegst Du erst auf dem Totenbette, und eh Du weiter Zeit ver-
säumst, pack endlich an, wovon Du träumst!" Wahr ist's, muss sich der
Mensch gestehen und sieht das Schwein beleidigt gehen.

Wolfgang Langer
Wandlung

Gelähmtes Grau in stattlichem Bau,
Bewegungsloses Licht,
Leere, grenzenlose Stille,
Schlafende Webstühle,
Erstarrte Kräne,
Dösende Lokomotiven.

Ein Zwerg am offenen Tor,
Wartend.

Drohendes, nimbusisches Grau,
Riesige Walze mit schwarzlöchrigem Maul.
Saugend und speiend,
Dumpf dröhnendes urgewaltiges Nahen.
Ausweglos.

Ein Zwerg am offenen Tor,
Lächelnd.
Die Augen voll freudiger Erwartung,
Streckt den Finger entgegen,
Durchbohrend den mächtigen Riesen.

Erwachendes Grau im stattlichen Bau,
Klingendes Licht,
Wirkende Stille,
Sanft surrende Webstühle,
Majestätisch tanzende Kräne,
Schmauchende Lokomotiven.

Ein Kind am offenen Tor,
geleitet in unendlichem Strom
Sich selbst zu den Kränen, Webstühlen und Lokomotiven.
Sich entlassend voll Freude in unendliche Fernen.

Armin Reinke
Eine Niederlage mehr

Sehr lange ist es her,
in grauer Vorzeit fast.
Ich war so wohl behütet
auf dem Hof des allmächtigen,
allwissenden Großvaters.

Konnte nicht verstehen,
dass zwei Reiter kamen
und führten den geliebten Schimmel
auf immer fort.

Nach vielen Jahren nun,
auch bitteren Erfahrungen,
fuhren fremde Leute
mit meinem Traumauto davon.

Da erst begriff ich wirklich.

Arndt Kremer
Ham let be (Klappentext für Schnellleser)

Dänemark
Regenreich
Würmer stark
Menschen bleich

Helsingör
Lage schwör
Königssohn
ohne Kron'

Vater tot
Gift im Spiel
Rache droht
Hamlets Ziel

Onkel bös
Mördertat
skandalös
desolat

Mutter schenkt
sich ihm ganz
er beschränkt
die Vakanz

Hamlet irr
nur zum Schein
Welt ist wirr
und gemein

Opheliae
ganz dahin
in den See
aus dem Sinn

Schauspielär
spiel'n den Mord
Onkel wär'
am liebsten fort

Polonius, nicht
clever, lauscht
Hamlet sticht
Vorhang rauscht

Ach, merde!
ruft Polonius
mit Endgebärde
weil er sterben muss

Laert, sein Sohn
fordert schnell
Rache Lohn
im Duell

Hamlet trifft
wird getroffen
starkes Gift
schwaches Hoffen

Hauen, Würgen, Todesreigen
Stöhnen, Nichtsein, Schwafeln, Schweigen
Jammern, Klagen, Todeskuss
Vorhang, Werbung: BUKO, Schluss

Wolfgang Rendl
1945

Sechzehn bist du
Ich höre dich spielen
Mundharmonika
Am rotbackigen Gesicht
Im Takt des Viehwaggons
An dessen Innenwand
Seit Berlin.

Dessen Schutt staubt
Uns ein noch immer
Im Wechsel der Stunden
Den wir nur ahnen.

Vor Moskau noch
Salven an einem Halt
Anderer Fluchtdrang
Befeuchtet mit Blut
Mundharmonika
Lässt keine Schreie zu uns.

Unsere Worte verlassen
Kaum mehr die Münder
„Sibirien" riecht es hinein.

Bisweilen schwaches Licht
So bleibt erträglich
Was an Geschwüren erahnt
Fieber kriecht heran
Bis an die Lippen
Die die Mundharmonika
Sanft berühren.

Eine der Uniformen
Wie die anderen ohne Gesicht
Öffnet und schließt
Verweigert sich
Dem Uringestank
Der Klang der Mundharmonika
Folgt ihm nicht.

Jede Rippe zeichnet
Sich deutlicher ab
Aber es gibt noch Finger
Die sie ertasten können
Und bald in Wladiwostok
Grundloser Grund
Unter den Füßen.

Doch dein Blick ist gläsern
Schon entrückt
Über den Osten hinaus
Die Mundharmonika willenlos
Ruht an deiner Seite
Sieht nicht wie ich
Deine Lider schließe.

Sechzehn warst du
Ich hörte dich spielen.

Rolf Skrypzak
la vida

Herbstlaub gleich fielen
ihm Verse zu, jedoch kein
Blatt, sie zu halten

Ruth Johanna Benrath

Psst

nicht reden und nicht lachen
mein freund ist eingeschlafen
nicht niesen und nicht tuscheln
er will noch nicht erwachen

nicht sehnen und nicht schmachten
wann hat er ausgeschlafen
nicht poltern und nicht rascheln
mein freund lässt sich betrachten

nicht küssen und nicht kosen
die sonne zieht vorüber
nicht zwicken und nicht rütteln
im garten wachsen rosen

nicht trommeln und nicht klimpern
er wackelt mit den zehen
nicht piepsen und nicht krähen
er zuckt mit seinen wimpern

nicht schimpfen und nicht schäumen
wie lang wird er noch schlummern
nicht stupsen und nicht kitzeln
er will noch weiterträumen

Bill Bergelt
Inmitten der Bucht – vom Rand her

Auf der Stelle verharren
mit leichtem Fuß- und Arm-
schlag
mit dem Mund auf null
den Augen auf fünf
Zentimetern überm Meeresspiegel

Eingetaucht – entkörpert – Totale -
laublau mal
so ganz selbst
Happen in der Suppe sein und die
Bucht rings
als Krone aufm Schädel

Munter verspielt Stoff und
Wort: kopfüber
mundunter ins Idyll stürzen – Fa-
tale-total! unsere
Bounty-
Bacardiverstimmung

Geheimtipp – Gemeinplatz
hier schäumt das Wasser bis
ins Hirn verdünnt als
Grog perlende
Frische verklappt:
gallertes Algengrün

Einen Riegel vorschieben
einwickeln sich lassen ins
Blau – verschaukelt
sich hier noch mit
Schöpfung krönen

Ute Maybaum

Später

Vielleicht wirst du ja wiederkommen im Lachen der Enkel,
im Blick, von dem du dachtest, er gehörte nur dir.

Vielleicht wird jemand deine Stimme erkennen
und sich umdrehen wollen nach dir.

Vielleicht wird einer sich selber finden
in Bildern und Worten von dir.

Es könnte sein.

Stefan Simon
Spiegel-Wind

Wenn der Wind sich tosend, jagend,
wirbelnd in den Wolken fängt,
ist es so, als hätte rasend
sich das Leben aufgedrängt;
ungestüm und herrlich.

Manches Mal zieht es auch fliehend
übers Feld im wilden Ritt,
dann woll'n gern der Wünsche Kinder
auf des Windes Flügeln mit;
jubelnd und begehrlich.

Aber auch wenn sich der Wind nur
sanft in dünnen Gräsern wiegt,
spiegelt er die ganze Seele,
die sich an das Leben schmiegt:
atemlos und ehrlich.

Jemand sagte mir mal kürzlich,
wie der Sieg im Kampf beginnt:
„Wenn die Lebenssorgen kläglich,
gib sie einfach an den Wind";
leicht und unbeschwerlich.

Stehend an der Burgenmauer
seh' ich hoch ins Sternenlicht,
warte auf den Wind, der leise
nimmt dem Kummer sein Gewicht;
liebevoll und zärtlich.

Christoph Falkenroth
Sonett an den widerspenstigen Hefeteig

Der Du Backwerk werden solltest!
Der Du, wohl mit Mehl bestaubet,
mir, der ich an Dich geglaubet,
zeigtest, dass Du das nicht wolltest.

Trotzend jenen Hefemassen,
die ich Dir zum Trieb gegeben,
um Dich mählich zu erheben,
hast du Dich nicht gehen lassen.

Kohlensäurearmer Fladen,
Du verhüllst mir jede Blähung,
statt zu gehen, gehst Du baden.

Träge, dumpf und unverfroren
liegst Du, teigentrückte Schmähung,
auf dem Tisch und bist verloren.

Beate Schmalstieg

o. T.

hausfrauenharmoniegeträumte
blaugardinenkerzenarrangements
rings apfelherzsternleuchtendes
gedämpft
kinderstimmenfetzenflüchtiges
geraun
schulkriegsschauplatzeselohrenheftgeflattertische
bezeugen plastikpuppentote augenregale
alltäglichvergebensstaubverschiebliche unordnung
wohnzimmergarniturfarbpassende wandkunst
verlorener südseehäuschen in verlorener landschaft
verlogenverlorene dekomalerei
verloren auch
sie sich

messer
in küchenschubläden

Simon Staake
Über das Liegen

I
Wie die Dinge liegen

Kreuz und quer übereinander,
die Putzfrau kommt Freitag.

II
Wo der Hund begraben liegt

Direkt neben dem Gartentor,
unter der Akazie.

III
Wo der Hase im Pfeffer liegt

Regalreihe 17,
Pastetenabteilung.

Rossa Volkhardt
In den Niederungen

in den Niederungen
bin ich gewesen
dort habe ich
senkrechte Horizonte gesehen
und neue Täuschungen
überprüft
in der Ebene
geblieben
die Höhen gesehen
bin ich rückwärts
gegangen
nie angekommen
im Sog des Erinnerns
verloren
die Zeiten verwechselt
es war so schön
gewesen – morgen
kindergleich stürmisch
die Weite gesucht
vor ihrer Zeit sie
gefunden

Alfred Koch
Gewissheit

wäre dir nach mir
du
ließest es mich wissen
so
weiß ich allezeit
woran ich bin

Norbert Labenz

Ufo

Ein Ufo und ein Mettwurstbrot,
geworfen in die Zeit –
das Ufo fliegt zum Stern Pil-Joot,
das Wurstbrot nicht so weit.

Es fliegt nur in ein Hundsgebiss,
das deshalb offenstand;
des Hundes Herrin hatte Schiss
um ihre zarte Hand.

Der Hund ist lang und mächtig schwer
und einzwei Meter groß,
er passt nicht längs und auch nicht quer
auf einen Damenschoß.

Er stammt aus einem Liebesbund
von Mops und Krokodil;
die Liebe zeigt sich manchmal bunt
als kurioses Spiel.

Sie hatten sich in einem Zoo
in Leidenschaft verrückt,
das Kroko hätt' den Mops sonst roh
und nebenbei verdrückt.

Das Ufo fliegt derweil und fern
zum unbekannten Ziel –
Pil-Joot ist leider Rachenstern
im Sternbild Krokodil.

Wir sind, ob schwarz, weiß, gelb, ob rot,
im Selbstbestimmungstraum
vielleicht auch nur ein Mettwurstbrot
in einem Rachenraum.

Anne Huxel
Novembermond

Neulich schnitt die Kälte uns
den Novembermond
in zwei scharf umgrenzte Stücke

Eins hing schief an deinem Himmel
Ein andres saß auf meiner Fensterbank

Als wir uns wieder trafen
und auch über Monde sprachen
erzähltest du von der Zitronenscheibe
die deinen Heimweg jüngst beschien

Meine Hälfte war 'ne Apfelsine
sagte ich schnell amüsiert
und blickte in das Glas vor mir:
Da lag dein Mond im Eis

Peter Bisovsky

so riechst du

nach frischer milch
nach eimern
ganz gefügt
aus holz
nach tieren
warm im stall
du bist
mein halm
mein gras
die sommerwiese

dein duft
wie heu im nebel
wie blüten
die gepresst
in alten büchern
warten
du riechst
nach klugheit und
nach gut versteckter
zärtlichkeit

doch morgens ist
dein schweiß
wie ein zweite
eine schlangenhaut
und wenn du
scheinbar schläfst
will ich
behutsam
an dir
atmen

Cindy Scharrer
Auf dem Dachboden

Wie die trocknen Sparren knarren
und das Holz, das morsche, krächzt;
wie die Stiegen sich verbiegen
und die Fliegen sich bekriegen
und das Dach, das alte, ächzt!

Wie der Staub in leisen Kreisen
alte Tänze zelebriert.
Wie die Spinnen lüstern flüstern
und die Nüstern schnauben düstern,
dass mein Blut im Leibe friert!

Wie im Schutz der matten Schatten
geisterhafte Schemen wispern ...
Wie sie in den Spitzen sitzen,
zischend in die Ritzen flitzen
und mit toten Fliegen knistern!

Fort hier! Wie die alten, kalten
Eisensprossen sich jetzt bäumen!
Wie die heißen Mäuler reißen,
sich befleißen, mich zu beißen –
fort! Das ist kein Ort zum Träumen!

Werner Augustin

Ab und zu

„Die zue Tür, die abbe Schnur" –
wie sag ich's meinem Kinde nur,
dass „zu" und „ab" und „grün" und „blau"
verschieden sind, ich weiß genau,
dass „zu" und „ab" sich nie anschmiegen
ans Hauptwort groß, kannst sie nicht biegen!
Grün hat's gut, auch Blau zuweilen,
da sie ein gutes Schicksal teilen,
doch „zu" und „ab", die sind Autisten;
vom Großen fern sie müssen fristen
ein Leben hinterm Substantiv:
„Die Tür ist zu." Wie primitiv!

So würde man in jenen Kreisen
mal gern in andre Welten reisen,
zu finden vor dem Hauptwort Ruh'.

Vielleicht nicht stets – doch ab und zu.

Martin Jankowski

erlkönigin (dekonstruktives sonett)

wo sich die straße
biegt befand sich
einst ein moor der
asphalt liegt im neon
licht der sterne
laubfinger streifen
lockend auf metall
nachts fahr ich diese
strecke furchtbar
gerne die erlenbüsche die
die planken säumen
winken im wind mit
ihren dunklen haaren
baumtänzerinnen wiegen
ihre hüften und laden mich
dazu kurz an den rand zu
fahren ich finde ihre dunklen
blätter wirklich schön und
möchte mich sofort in
ihre äste schmiegen
doch nehme ich den fuß
vom gaspedal erstarrt
das bild und ich
kann nicht mehr
fliegen

das tal liegt finster
da und ohne regung
die schönheit zeigt
sich nur in der
bewegung

Michael Cording
erinnerst du dich nicht

erinnerst du dich nicht
deine stimme
lag im straßengraben.
und du,
zerbrannt im nackten sonnenlicht,
sahst auf zu mir
in edler wut.
ich hob ihn auf
den stillen schrei
und singend dann
trat ich an deine seite.
was wohl aus uns geworden sein mag?

Hans-Hermann Mahnken
Frühling über der Stadt

Der Streusand schläft schon tief im Keller,
doch auf der Straße gibt es Spaß.
Die Luft ist weich und soviel heller
und riecht so nach ... ich weiß nicht was.

Heut leckt man Eis aus Waffeltüten,
und leichte Kleidung dominiert.
Die alten Sträucher wagen Blüten,
die Sonne scheint, und man flaniert

nach Herzenslust und ohne Reue.
Das Stubenhocken ist vorbei.
Der Himmel steht in schönster Bläue,
und wir sind wieder mal dabei.

Hermine Geißler
Picknick

Stoppelwiese, bunte Decke
Unter einer Brombeerhecke
Schachtelhalm und Löwenzahn
Endlich kurze Hosen an
Die Schöne liest ne nette Prosa
Wangen leuchten wölkchenrosa
Erdbeerkuchen und Kaffee
Leider tun die Knie bald weh
Leg mich lieber auf den Rücken
So ein Tag ist zum Entzücken
Da kleckst die Sahne auf die Brust
Ach, mir ist ja so nach Lust!
Korken knallen bis zum Waldrand
Was ein Reh nicht amüsant fand
Stoppel pieksen in den Po
Wo läuft das scheue Reh denn, wo?
Summen, Brummen um die Ohren
Setzt sich doch ganz unverfroren
Eine Bremse auf den Arm
Gleich danach ein ganzer Schwarm
Wespen, Fliegen, ach, du Schreck
Schnell aufs Rad und nichts wie weg!

Silvia Both
Am Straßenrand

vergessen
wirft der Baum
rückhandsicher
pflaumenblaue
Pingpongbälle
hüpfen
goldene Achten
auf Streuobstwiesen
lächeln
flüchtige Augenfalter
im Kescher
September

Jens Rudolph
Garten mit Großvater

Im Schatten
steht er,
bei den Chrysanthemen,
gegenüber den mannshohen Brombeersträuchern
in hüftgelenkhohen Gräsern noch immer
ein Kapitän.

Blickt gerührt
auf das Leise der wilden Stiefmütterchen,
die lila am Rande ungeschminkten Rasens
versteckt flammen
wie höfliche Meuterer.

Vor dem abschüssigen Steingarten
harrt er in den Grundfarben,
umweht von den Stimmen
des Schilfs hinter dem nahen Moor
und der Ferne
der Erinnerung.

Im Schatten
der mächtigen Trauerweide,
die ihr Geäst
in seine Seele senkt,
der sie sich
verdankt.

Annett Hagner
Ein Gruß, ein Kuss und Schluss

Nun ab ins Bett mit Euch, Ihr Süßen,
gern will ich Euch den Sandmann grüßen
mit einer Gute-Nacht-Geschichte:
„Es lebten einst drei kleine Wichte …"
Auch soll ein Liedchen noch erklingen,
den Tag und Euch zum Schlummern bringen.
Ihr wart heut' meines Herzens Flügel:
Die Jacken kamen auf die Bügel,
mein heiß Gekochtes wurd' geprobt,
das Reparierte laut gelobt,
die Stolpersteine fortgeräumt,
beim Kuscheln haben wir geträumt.
Kurzum: Es waren schöne Stunden,
drum gebe ich jetzt unumwunden
zu, dass ich Euch herzlich liebe!
Schlaft gut, Ihr süßen Herzensdiebe!

Potzblitz! Jetzt aber ab ins Bett!
Oh, bin ich wütend, gar nicht nett!
Und die Geschichte könnt Ihr knicken!
Was starrt Ihr mit so trotz'gen Blicken?!
Meint Ihr, ich säng' noch Lieder schöne?
Im Halse brechen mir die Töne!
Legt Euch nur hin und deckt Euch zu,
jetzt braucht auch Eure Mutter Ruh'!
Dies war ein Tag wohl zum Vergessen:
„Ich will heut' keine Nudeln essen!"
Ich zuckt' bei jedem Türenknallen,
sah Gläser in slow-motion fallen,
hört' Schreien, Heulen, Jammern, Wüten
und konnt' Euch nicht vor Beulen hüten!
Jetzt ist's gesagt, die Wut ist raus.
Schlaft gut. Ich lieb' Euch! Licht geht aus.

Silke Busch
Auf dem Dachboden

Abgelegtes Leben
zwischen gurrenden Tauben.
Schlafende Kleider
in vergessenen Schränken.

Stillschweigende Mandolinen
spinnfädrig umwebt.

Nur Sonne sich drin verirrt
und
meine Füße
bilden Spuren
dort im Staub.

Guy Néchois

März meiner Seele

Wir haben zusammen den Schneemann gebaut
und gaben ihm Zähne aus Kieseln.
Wir haben zusammen Kirschen geklaut
und waren zusammen schon pieseln.

Wir haben zusammen die Sterne gezählt
und morgens Briefe bekommen.
Wir haben zusammen Kartoffeln geschält
und uns zusammengenommen.

Wir haben gemeinsam das Glück gebucht
und uns daran besoffen.
Wir haben gemeinsam ins Weltall geflucht
und konnten gemeinsam noch hoffen.

Wir haben gemeinsam ein Wahlkreuz gemacht
und mussten beim Gottesdienst lachen.
Was hat dich letztlich nur umgebracht?
Was soll ich so einsam denn machen?

Sigrid Mayr-Gruber

Der erloschene Stern

Wie ein Stern, der längst verglüht,
nicht gleich überall erlischt,
Licht durch Sphären weiter sprüht,
klar, erstaunlich unvermischt
diese Erde noch bescheint,
da er nicht mehr existent,
so bist du, von mir beweint,
tot an meinem Firmament.

Doch ein lieber Mensch noch glüht,
in Erinn'rung nicht erlischt,
wesenlos sein Licht versprüht,
rein und irdisch nicht vermischt.

Manfred Bartosch
Frühling

Knospe auf Baum
sieht man kaum.
Sonne sticht
Knospe bricht
Blüte duftet
Biene schuftet

Renate Seinsch

Apfel-Ballade

Ein Apfel nicht ganz schwindelfrei
hoch oben im Geäst
hielt zitternd sich mit Mordsgeschrei
an einem Zweiglein fest.

Im Apfelkern, da fraß sich rund
ein Wurm, der fordert keck,
oh Apfel, schau nicht auf den Grund,
sonst liegen wir im Dreck.

So ging's den lieben Sommer lang
dort droben an dem Ast,
der Apfel fragte oft sich bang,
wie lang hält noch die Last?

Er wurde langsam dick und rot,
doch konnt er nur mit Grau'n
hinunter in den sichern Tod
in das Verderben schau'n.

Ich kann nicht mehr, was mach ich bloß?
Der Schwindel zieht hinab,
bald lass vor Angst den Ast ich los
und falle in mein Grab.

Der Herbst, er kam, mit ihm der Sturm
und so geschah's ganz flott:
der Apfel stürzt' samt seinem Wurm
und wurde zu Kompott.

Ein Rabe, der im Baume saß,
fraß samt Wurm den Brei.
Der Vogel ist – ganz ohne Spaß –
seitdem nicht schwindelfrei.

Kristina Hoffmann

Luftturbulenzen

Den Luftweg wählt nur, wer erwägt
von dieser Welt zu scheiden.
Wer den Gedanken nicht erträgt,
der sollte unten bleiben.

Nur ausnahmsweise flieg ich mit
und lasse mich verführen:
für 19 Euro nach Madrid,
plus Steuern und Gebühren.

Ich hoffe, dass ich nichts vergess',
hab meinen letzten Willen,
diverse Mittel gegen Stress,
als Tropfen und als Pillen.

Die sedative Flüssigkeit
verbietet der Beamte,
das diene nur der Sicherheit,
so trink' ich das Gesamte.

Wo soll ich sitzen und bei wem?
Vorn bei den Stewardessen?
Dort krieg' ich Hilfe und zudem
als Erste was zu essen.

Nein, lieber doch am Notausgang,
so mittig bei den Flügeln.
Dann brauche ich auch gar nicht lang
den Fluchtweg auszuklügeln.

Die Plätze sind jedoch besetzt.
Herrje, der einzig freie
ist durch mein langes Zögern jetzt
ganz hinten in der Reihe.

Mein Nachbar ist ein dunkler Mann,
womöglich terroristisch?
Doch spricht er mich ganz freundlich an.
Was bin ich egoistisch!

Er sagt, man habe festgestellt –
er kenne alle Finten –
wenn so ein Flugzeug mal zerschellt,
dann sitzt man besser hinten.

Ich schnall' mich an, der Abflug naht,
vergessen das Geplänkel.
Er schreit, denn ich verkrall' mich grad
in seinem Oberschenkel.

Jetzt sind wir endlich in der Luft,
im Himmel ohne Grenzen.
Doch all mein Mut ist schnell verpufft,
man spricht von Turbulenzen.

Die Stewardess packt meinen Arm,
ich fühle mich benommen.
Sie sagt mit bittersüßem Charme:
„Die Zeit ist nun gekommen."

Ich hör' ihr todesängstlich zu,
der Stewardess, der braven:
„Ein Gruß vom Captain und der Crew,
Sie haben wohl geschlafen.

Die andren Passagiere sind
schon lange ausgestiegen.
Auch wenn ich Sie sympathisch find',
wir müssen weiterfliegen."

Das ist doch mal ein Happy End!
Ich strecke meine Glieder,
zerreiße froh mein Testament –
die Erde hat mich wieder!

Torsten Prawitt
Last Order

Herr Ober, mehr Betränke!
Wir wollen uns getrinken,
bis wir nur noch sallend
von den Stühlen linken.

Andrea Lederer
Der Kuchen

Gerührt und auch geschlagen
geb ich mich heute auf.
Ich darf ja gar nicht klagen,
so ist mein Lebenslauf.

Geknetet und gebacken,
bestreut mit Zucker, Zimt.
Mit kleinen süßen Macken
genießt mich, wer mich nimmt.

Vielleicht bin ich verdaulich
und schmecke auch sehr gut.
Das wäre dann erstaunlich,
wenn es das wirklich tut.

Denn ich bin, darf ich's sagen,
am Rücken angebrannt.
Das schadet zwar den Magen,
doch gar nicht den Verstand.

So nimmt mich, wer genüsslich
die Macken übersieht.
Oh Glück, dass ich, so süßlich,
zum Fressen gern geliebt.

Kurt May

Tierisches Frühstück

Gabelbock und Löffelhund,
Messermaus und Tellerflunder,
Tassenqualle, Kaffeegnu,
Buttermops und Brotholunder,
Musgazelle, Hörnchenlachen –
Und der Mensch kann Frühstück machen.

Milchfrosch, Breikatz, Honigschaf,
Schnittentiger, Zuckerfliege,
Eierbarsch und Apfelhahn,
Graubrotochse, Kräuterziege,
Musgazelle, Hörnchenlachen –
Und der Mensch kann Frühstück machen.

Gurkenhai und Schnittlauchspatz,
Grieskamel und Käsegeier,
Würstchenotter, Schinkenolm,
Brettchenwurm und Joghurtreiher,
Musgazelle, Hörnchenlachen –
Und der Mensch kann Frühstück machen.

Ute Korn-Amann
Melancholie

Nichts geschah heute.
Mit niemandem geredet,
außer kurz mit mir selbst,
als ich den Öffner der
„Heringsfilet in Paprikasauce"-Dose abbrach.
Niemand da für mich.
Das Telefon meiner Freundin
dauerbesetzt.
Einsam – nichts Neues.
Fernsehen zum Abschalten.
Dann eben Chopin, ein Glas Sekt,
eine brennende Kerze
und fertig ist die Melancholie.

Eberhard Flamm
Das Leben

Moment noch
ja gleich
jetzt
sofort
jetzt kommt's

vorbei –

Gert Gräve

Mi@non

Kennst Du das Netz, in dem die Cyberfixer hängen,
wo Cyberwichser sich vor Monitoren drängen?
Kennst Du den Cyberspace, in den sie flüchten,
wo die Lemuren sie in Virengrüfte schichten?
Kennst Du es schon, bist Du schon drin?
Da, mein Geliebtes, willst Du hin?

Willst Du Dein Selbst in tausend Megabits zerstücken
und es dann komprimiert in alle Welt verschicken?
Ahnst Du den Schmerz, der in den Tasten brennt,
wenn unser Cyber-Ich gechattet gegen Wände rennt?
Willst Du im Kreis Quadrate ziehn?
Dahin, mein Liebstes, willst Du fliehn?

Kennst Du das Ziel der Cybergötter Religion?
Sprichst Du das Nachtgebet an ihrem Fenster schon?
Bist Du schon Knecht der virtuellen Tempelherren,
ein Sklave, den sie in den Cyberkäfig sperren?
Du willst zum Nulltarif ins Internet?
Feinslieb, wir sehen uns im Cyberbett!

Jürgen Staab

Der Müllsortierer nach Der Panther von Rilke

Sein Blick ist vom Vorüberziehn der Dinge
ganz stumpf geworden, dass er nichts mehr hält.
Ihm ist, als ob es nur um Abfall ginge,
um nichts als Müll in dieser Welt.

Ermüdet picken seine grauen Hände
am Band verdreckte Kunststofftüten auf
und warten längst nicht mehr auf eine Wende
in diesem Einbahnstraßenlauf.

Nur selten dringt ein Bild durch seine Schale,
dann blitzt im Kopfe eine Flamme auf.
Und sein Gesicht scheint kurz in hellem Strahle
– und stinkend löscht der Müll sie aus.

Michaela Heikaus
Der Zyklus der Frau

Montag hat er mich getroffen
Dienstag mit mir Schnaps gesoffen
Mittwoch waren wir im Kino
Donnerstag im Spielkasino
Freitag hat er mich geknallt
Samstag war ich ihm zu alt
Sonntag darf ich wieder hoffen ...

Helga Anderle

Was Frauen laut Statistik an den Männern gefällt

Reizt uns des Mannes Denkerstirn,
birgt sie auch nur ein Spatzenhirn?
Macht es die Höhe der Statur,
ergötzt uns seine Frohnatur?
Sind es die Schultern, die bepackten,
oder die Haare, die gelackten?
Betört uns sein gewiefter Schmäh
mehr als sein dickes Portemonnaie?
Bringt es uns um den Verstand,
küsst er uns galant die Hand?
Liegen flach wir auf dem Boden,
trägt er grünen Steirerloden?
Erbeben wir bis in die Spitzen,
wenn auf seinen Knien wir sitzen?
Brechen aus wir in Entzücken,
kann er kochen, bügeln, stricken?
Lässt der Tau auf seinen Lippen
uns gar aus unsren Schuhen kippen?
Kann's der Duft sein aus den Achseln,
dass wir auf die Palme kraxeln?
Oder schlagen wir drei Purzel,
ob der Größe seiner Wurzel?
So könnt' ich endlos weiter fragen,
vor Spannung platzt euch schon der Kragen?

Selbst Sigmund Freud ist's nicht gelungen,
dem Rätsel Weibe beizukummen.
Doch inzwischen sind wir gscheiter,
die Statistik bringt uns weiter:
Wenn den Zahlen wir vertrauen,
heißt's, die Hälfte aller Frauen
werfe stets den ersten Blick
auf des Mannes Rückenstück.
Bei Löhnen mag die Schere klaffen,
wo Mann und Frau sich gern begaffen,
der Unterschied ist nicht so groß:
Man schaut einander auf die Po's.

Heinz Welter
HeisWeit

Ich sag Dir nur eins:
Das Kleben ist Lasse.
Mein Motto sei Deins:
Hab Speude am Frasse.

Es gibt auch mal Kummer,
'nen Finkenden Sturz,
nun sei doch kein Dummer,
der Schnummer ist Kurz.

Lass Vorsicht stets walten,
der Furz folgt dem Stall,
es bleibt nichts beim Alten,
ist Fausern Dein Knall?

Mach alles mit Liebe,
im Schmette mal Busen,
sonst kriegst Du nur Hiebe,
lass Müssen die Kusen!

Sei froh in Natur,
mit Mienen und Bücken,
mach schlank die Figur,
mit Beben und Hücken.

Hab Freude am Leben,
nimm Leit Dir zum Zachen,
kann's Schöneres geben
als Mustiges Lachen!

Werner Tiltz
Pech gehabt

An Laufgeräten quält ich mich,
wollt meinen Leib trainieren.
Das alles tat ich nur für dich,
um dir zu imponieren.
Ich baut den Bauch ab, Muskeln auf,
und hoffte sehr, du stehst darauf.
Doch du warst längst hypnotisiert
von einem, der mit Witz brilliert,
der dich mit Liebe überhäuft
und selten oder gar nicht läuft!

Sascha Dickel

Station 6, Frühschicht

Der Anfang ist dunkel
koffeinbenebelt neonweiß
Die Neuigkeiten werden klar
Und doch gefühlsstumm ausgetauscht
Der Todeskampf der letzten Nacht
und Morgenfrost auf dem Asphalt

Dann schwärmen wir aus
Endlich
Alte Körper im Akkord
Gestank der letzten Nacht verdauen
und immer wieder Zeitkontrollen
Diktat der Zeit ersetzt
Diktat der Körper

Danach das Frühstück
erst für die Körper
dann für uns
Die Themen des Tages im Tennismatch
portioniert bis zur Unkenntlichkeit
verdaut

Die gelben und braunen Gerüche des Lebens
sie können den Tod nicht verbergen
er kriecht durch die weißen Korridore
und geht nur in schwarzen Säcken

Zurück bleibt dann immer ein leerer Raum
und antiseptisches Aroma
medienpuristisch

Fast Schichtwechsel
Die Körper
Sie werden
durch Korridor
und Korridor geführt
hilfloses Fleisch
zu weich
zu faltig
zu weiß

Erlösung am Mittag
Dann ist es vorbei
Prognose: Zirkuläre Wiederholung
wie immer leicht zu ignorieren
Für uns
Die Körper

Robert Wiens
Februar

Die weisen, leicht gewölbten Hügel
neigen still ihr weißes Haupt
vor dem Wunder in der Tiefe,
wenn das Tal den Frühling glaubt.
Der Fluss enteist; mit freiem Flügel

der erste Vogel wiederkehrte.
Stimmt nun an sein altes Lied
und es war, wie wenn wer riefe
– der schon lange von uns schied –
auf dass Geduld er uns erklärte.

Erdmann Lange

amok

du hauchst ein lächeln in den rauch
und tastest weiter durch die nacht
zwischen tätowierten kindern
durch den buntgefärbten krach
lässt dich lieben von den leuchten
in den ecken an der wand
dich berühr'n von laserfingern
uferlos – so weit vom rand

wiegst die backen zu den bässen
lässt dich schieben durch den lärm
aufgelöst und weltvergessen
isoliert und doch umschwärmt
ragst heraus aus dieser menge
die den raum zum brechen füllt
was treibt dich in diese enge
welcher hunger – ungestillt

in deiner schönheit wohnt der amok
und ich seh – du bist wie ich:
wenn wir je den anfang finden
finden wir das ende nicht ...

Ernst Florian Puppel
Bettgeschichte

Da liegst Du nun. Zerknautscht. Zerwühlt. / Die Lust steckt noch im Kissen. / Ob so ein Bett auch etwas fühlt, / wenn wir's verlassen müssen?

Die Nacht war wieder kurz. Fatal. / Mir fehlt noch Schlaf. O Jammer! / Der Duft nach Liebe – ach, egal! / Ich mach mich aus der Kammer.

Die Arbeit ruft. Ruft viel zu laut! / Macht wieder nur Rabatz. / Ich denk an Dich. Mit Gänsehaut. / Bis später ... Tschüs, mein Schatz!

Johannes Hummel
Haiku

Wir nackt im See,
in den Regen fällt.
Unterm Schirm die Kleider.

Christiane Humbek
Bad News

Manchmal, ach, shit.
Trauriger iPod.
Verlorene Ebaysendung.
Mensch,
was hab ich
für Probleme.

Dörte Herrmann
Möwenherzen queren nachtlang Meere

Möwenherzen queren nachtlang Meere
stranden inselweit

hundertbunte Zitterflügel
streichen Stirnen glatt

Wellen rauschen liebesgrün
schlagen uns sanft Gezeiten um

strecken uns nieder in Strandweiß
unsere Körper zwei Sandengel

handverwoben lachen wir
eine Flut lang

bis unsere Zungenpinsel Gemälde erschaffen
aus Salz und Licht

Philip Maroldt

macht.ergreifung

die panik hinter dem schleier aus
nieselregen vertuscht; kalt & lichtschluckend,
sogar der ziellos scannende blick wird abgedimmt,
alle registrierten gespräche türmen
unüberwindliche mauern auf. der himmel
ein feuchter nährboden für den unmittelbaren
selbsthass. der frühling hat abgesagt. aus
den schönen menschen treten horden von märzgefallenen.

Bettina Valeska Lotsch

Hingabe

Dass es schwer würde
wenn das Dahinter fehlt
sagt ihr das Hinsinken
im Leib
jede Zeit einmal
damit sich anfühlt
was vergehen muss.

Hingeben
in das Buch
dessen Seiten
sich lesen
damit es Tag werden kann
und Nacht

sammelt lose Blätter
gegen das Vergessen
gegen die Seitenzahl
gegen den Anhang
den keiner liest
auch nicht du selbst.

Einst
wenn eine Hand
dich greift
und du
das Vergessen spürst
das in dich weht –
dein Rücken zertreten
die Haut vergilbt –
wer kann dich lesen?

Mirko Olostiak
Neuzeit Fortschritt Weltvernichtung

neuzeit fortschritt weltvernichtung
fernsehn mitleid dienstverpflichtung
video kühlschrank autobahn
waschmaschine wasserhahn
gentomate hundefutter
chemodünger eurobutter
aktienkurse massenmord
zusatzstoff geheimressort
biozid atomkraftwerk
sparpakete schuldenberg

einwegflaschen fertigsoßen
nervengifte angstpsychosen
computerspiel vierfarbenstift
modejournal diätvorschrift
kochrezepte schaumverhüter
mülltransporte schnelle brüter
einkaufsrummel magersucht
kaffeemaschine wirtschaftsflucht

medienkrieg gehirnerweicher
obstsalate zahnschmelzbleicher
bahnhofstoiletten raumgestalter

wie schön war's doch
im mittelalter

Dietrich Wagner
Wir brauchen das? Wir brauchen das nicht wirklich

Hast Du nichts.
Hab ich was.

Wenn ich nichts hab,
hast Du was.

Haben wir beide was,
läuft nichts mehr.

Haben wir beide nichts.
Haben die Kinder was.

Und hat ein Kind nichts,
hat das andere Kind alles.

Und haben wir nichts,
tatsächlich wir alle nichts,
denken wir daran,

dass bald einer von uns
wieder was hat.

Und?

Das wäre es dann.

Frank-Michael Bülow
Frühlingsversuch

Wiedergefunden
das starre Grün des Sees
noch versteckt
unter knisterndem Weiß.

Im Fleisch der Nagel
er schmerzt nicht mehr
und tief im Grund
regt sich Verlangen:

Zusammen Person
und doch enteint,
denn der Geist ist unterwegs,
meinen Atem zu suchen.

Kerstin Leppert
laken los

dein blick
häutet mich

im spiegel
der pupillen

meine kirsch
rote blüte

entbein mein
bloßes fleisch

händel mich
über und unter

bis wir unserem
atem branden

kelche mich
langsam

Jasmin Drescher

der wille zu dir

kaum zu erwarten der
klatsch an die wand zu
liegen in blut und verschwommener
hand lass tauschen stell
scherben ins licht wird es
schon wird es schön wird es endlich
zugrunde gehn

boshaft und machtlos hysterisch lacht bloß –

sei ein zweiter versuch jetzt die stille, auch
der wille der endet der wille zu dir

Rene Becher

projektilwoche, columbine high school

gehn rein da jetzt und
machen unser ding harris und
klebold handarbeit und
kawumm

das riecht so gut das
macht so spaß da
zwischen stille

ernüchterung

sprite und coke du trinkst was,
du biest ich reich dir die hand
komm raus da unterm tisch
ein übler scherz nur wein
rote cafete

kein kindergarten, kaum
ein innerer reichsparteitag
harris angst und vierschrötiger klebold
so werden helden belacht

wie doom

klebold und harris heckler und
koch, heute
Kein Mittag Für Die Märtyrer
die sonne scheint, du sportskanone,
ich harris und klebolds trenchcoat ein mantel
geschoss

mordskaliber, weiß gott, profanes
gas und wahlfach
wow
sind drinnen jetzt und machen unser ding
kawumm

ich reich dir die hand unterm tisch wer
bist du was hältst du vors gesicht dich
zu schützen ein aufgebrochnes tagebuch
sieben siegel roter vorhang weiche masse

mensch, für heut is doch genug
das riecht aber so gut, das
macht noch viel spaß, dahin
gekniet, die sonne scheint und
falsch bewegt und nun

homerun jetzt

gegrillte burger,
häuser, roter stein und
morgen bowling in der dritten
morgen ja auch noch ein

Elsa Rieger
zuerst

zuerst pflanze ich einen rosenstock

rosa über dir – bedecke geruch
verströmst nicht mehr die
süße jugend – kleine

schwester da wolltest du
hin seit brüste schwellten

wild rinnen tränen
derweil gelacht und getanzt

getrunken

southern comfort: janis
– oh lord
sitze am stein – warte auf rosen

schoßgelegt unsere tage bewahrt
weiß keinen weg aufzustehen

Katja Proporowitz
Frühlingsspitzengefühl

Auf Zungenspitzen
beschwört er
sein verlorenes Gesicht
in neuen Lustwinkeln
kreist seine Nasenspitze
um den eigenen Schatten

Frühling
Frühling

zögernd
spiegelt er sich
in hellen Schenkeln
gelegentlich
wehen über manche Wünsche seine
Fingerspitzen

flüchtig

Barbara Nordick

50 plus

Auch ihr Tag nimmt sich 24 Stunden,
die Lebensuhr tickt unerbittlich fort;
wie immer dreht sie ihre Runden
und findet sich zurück am gleichen Ort.

Minuten fallen nutzlos durch die Maschen,
wie kann nur Leere so erdrückend sein?
Gelähmt verbleiben Hände in den Taschen,
und große Taten werden in Gedanken klein.

Die Welt verschiebt sich, draußen rollt die Lebenswelle;
man jagt und hetzt und schafft und tut.
Ihr Boot treibt ziellos auf der Stelle,
versinkt im Strudel dieser Flut.

Verzweifelt sucht sie ihren Schatz zu halten,
ihn zu bewahren für so manchen Traum,
doch die Erinnerung droht zu erkalten,
und auf den Wellen bleibt nur blasser Schaum.

Tief in ihr und auf ganz besondere Weise
singt ihr die Hoffnung immer noch ein Lied.
Entschlossen dreht sie ihre Kreise,
auch wenn die Schlinge sich zusammenzieht.

Doch klagend soll dies Lied nicht enden,
noch lebt die Kraft, die mit dem Ganzen sie vernetzt,
ein Funke kann das Schicksal wenden,
der Glaube bleibt, die Hoffnung stirbt zuletzt.

Edelhard Callies

Herbstworte

Heimlich schaut der Herbst gen Norden,
spricht mit bunten Worten:
„Geest- und Marschengrün,
deine Vögel ziehn,
alle Nester sind längst leer.
Erntewagen fahren schwer,
lange Ackernarben –
jetzt kommt meine Zeit."

Kalter Wind stiehlt Blatt um Blatt,
fallen muss, was Farbe hat.
Hinter Knicks und Hecken
Häuser sich verstecken,
Krähen heiser schrei'n,
Pappeln stehen schief,
und am Bach die Weiden
trauern tief –
Wiese, Moor und Deich:
stilles Nebelreich.

Pfahl und Baum sich recken
schwarz aus zarten Decken,
in den Tannen sitzen
feingewebte Spitzen,
und die Pfützen tragen
matte Gläserkragen.
Pelzig-weißer Hauch
liegt auf Gras und Strauch.

Blätterschiffchen reisen
mit dem Fluss und kreisen
schweigend durch die Zeit
in die Ewigkeit.

Silbertröpfchen blitzen,
Perlennetze glitzen,
Heimatland im
Prachtgewand –
Heimat im Herbst.

Hans-Jörg Grunert
Welt von morgen

Oben glitzert eisig
Kälte
Unten bricht sich Feuer
Bahn
Zwischendrin vergehen
Welten
Haben Platz nur noch im
Wahn

Wie ein Traum zwischen
Äonen
Schwebt ein Ahnen still
Vorbei
Lautlos auf der Endzeit
Wogen
In Unendlichkeit nun
Frei